KSIĄŻKA KUCHENNA AFFOGATO ŚWIAT

Wyśmienite przysmaki dla miłośników kawy i lodów. Zanurz się w 100 nieodpartych fuzjach Affogato

Patryk Sadowski

Prawa autorskie ©2023

Wszelkie prawa zastrzeżone

Żadna część tej książki nie może być wykorzystywana ani rozpowszechniana w jakiejkolwiek formie i w jakikolwiek sposób bez odpowiedniej pisemnej zgody wydawcy i właściciela praw autorskich, z wyjątkiem krótkich cytatów użytych w recenzji. Niniejsza książka nie powinna być traktowana jako substytut porady lekarskiej, prawnej lub innej porady zawodowej.

SPIS TREŚCI

SPIS TREŚCI **3**
WSTĘP **6**
TRADYCYJNE AFFOGATO **7**
   1. Klasyczne tradycyjne Affogato 8
WARIANTY AFFOGATO **10**
   2. Czekoladowe Affogato z orzechami laskowymi 11
   3. Amaretto Affogato 13
   4. Tiramisu Affogato 15
   5. Affogato Solony Karmel 17
   6. Sorbet cytrynowy Affogato 19
   7. Pistacje Affogato 21
   8. Kokosowe Affogato 23
   9. Migdałowe Affogato 25
   10. Affogato z pomarańczą i ciemną czekoladą 27
   11. Nutella Affogato 29
   12. Affogato z kawałkami czekolady miętowej 31
   13. Malinowy Sorbetto Affogato 33
   14. Karmelowe Macchiato Affogato 35
   15. Biscotti Affogato z orzechami laskowymi 37
   16. Czekoladowe Affogato 39
   17. Affogato z orzechów laskowych 41
   18. Karmelowe Affogato 43
   19. Affogato z kawałkami czekolady miętowej 45
   20. Affogato z ziaren wanilii 47
   21. Affogato al Caffè 49
   22. Irlandzki krem Affogato 51
   23. Affogato z czekoladą kokosową 53
   24. Affogato Solony Karmel 55
   25. Wiśniowe Affogato 57
   26. Pomarańczowe Affogato 59
   27. Ciasteczka i krem Affogato 61
   28. Matcha Affogato 63
   29. Affogato z masłem orzechowym 65
   30. Malinowe Affogato 67
WYśmienite wariacje afffogato **69**
   31. Affogato z miodem lawendowym 70

32. Balsamiczne truskawkowe Affogato 73
33. Affogato z oliwą z oliwek i solą morską 76
34. Ser pleśniowy i figa Affogato 79
35. Affogato z karmelem rozmarynowym 82
36. Szafranowo-pistacyjny Affogato 85
37. Affogato z białą czekoladą Matcha 88
38. Affogato z czarnego sezamu 91
39. Affogato z kokosową trawą cytrynową 94
40. Affogato z różą kardamonową 97
41. Kardamon Affogato 100
42. Affogato z posypką z wody różanej 102
43. Szafranowo-pistacyjny Affogato 104
44. Figowe balsamiczne Affogato 106
45. Affogato z orzecha klonowego 108
46. Espresso Martini Affogato 110
47. Affogato z szałwią jeżynową 112
48. Affogato z kokosową trawą cytrynową 114
49. Piernikowe Affogato 116
50. Herbata Earl Grey Affogato 118
51. Wiśniowe Amaretto Affogato 120
52. Affogato z różą pistacjową 122
53. Affogato z orzechami laskowymi i mokką 124
54. Karmelowe Macchiato Affogato 126
55. Cynamonowa bułka Affogato 128
56. Sernik jagodowy Affogato 130
57. Nib kakaowy Affogato 132

ZMIANY REGIONALNE 134
58. Francuska kawiarnia Affogato 135
59. Irlandzkie Affogato 137
60. Argentyńskie Gelato al Caffè Affogato 139
61. Meksykańskie Affogato 141
62. Greckie Affogato 143
63. Tureckie Affogato 145
64. Japońska Matcha Affogato 147
65. Brazylijska cachaça Affogato 149
66. Hiszpańskie espresso con Helado 151
67. Indyjska Masala Chai Affogato 153
68. Australijczyk Tim Tam Affogato 155
69. Włoskie klasyczne Affogato 157

70. Włoskie Affogato al Caffè 159
71. Włoskie Affogato con Biscotti 161
72. Włoski Frangelico Affogato 163

DESERY INSPIROWANE AFFOGATO 165

73. Affogato „Lody" 166
74. Nescafe Lody espresso affogato 168
75. Herbata bąbelkowa Chai Affogato 170
76. Sernik Affogato 172
77. Lody Affogato Brownie 174
78. Affogato Panna Cotta 176
79. Affogato Tiramisu Parfait 178
80. Pudding chlebowy Affogato 180
81. Kanapki z lodami Affogato 182
82. Affogato Bananowy Split 184
83. Tarty Affogato 186
84. Pudding Chia Affogato 188
85. Chleb Bananowy Affogato 190
86. Wafle ryżowe Affogato 192
87. Lody Affogato 194
88. Ciasto z kubkiem Affogato 196
89. Mus czekoladowy Affogato 198

PRZEKĄSKI INSPIROWANE AFFOGATO 200

90. Popcorn Affogato 201
91. Ukąszenia energetyczne Affogato 203
92. Affogato Nadziewane Daktyle 205
93. Mieszanka szlaków Affogato 207
94. Kulki proteinowe Affogato 209
95. Affogato Ryżowe Krispie Przysmaki 211
96. Affogato Truskawki w czekoladzie 213
97. Trufle Affogato 215
98. Ciastka Affogato 217
99. Kawałki sernika Affogato 219
100. Kora czekolady Affogato 221

WNIOSEK 223

WSTĘP

Witamy w Świecie Affogato, krainie wykwintnych przysmaków stworzonych specjalnie dla miłośników kawy i lodów. W tym czarującym świecie harmonijne połączenie bogatych, aksamitnych lodów i orzeźwiającej esencji świeżo parzonej kawy zajmuje centralne miejsce. Affogato, włoskie słowo oznaczające „utopić", doskonale oddaje istotę tej boskiej mikstury, w której miarka soczystego lody jest zanurzona w morzu aromatycznego espresso.

Rozkoszowanie się affogato to przeżycie przekraczające granice smaku, łączące kontrastujące elementy gorącego i zimnego, gorzkiego i słodkiego, tworząc symfonię smaków tańczących na podniebieniu. To uczta, która kusi wszystkie zmysły, wywołując poczucie błogości i kulinarnej ekstazy.

Podczas eksploracji Świata Affogato wyruszymy w podróż przez pochodzenie, odmiany i tajemnice tej zachwycającej fuzji. Od tradycyjnych klasyków po innowacyjne zwroty akcji – odkryjemy nieskończone możliwości i artystyczne wyrazy, które ożywają, gdy kawa spotyka się z lodami. Przygotuj się więc na kuszącą przygodę, która sprawi, że będziesz mieć ochotę na więcej.

TRADYCYJNE AFFOGATO

1. Klasyczne tradycyjne Affogato

SKŁADNIKI:
- 1 shot espresso
- 1 gałka lodów waniliowych

INSTRUKCJE:
a) Zaparz espresso i wlej je do małej filiżanki lub szklanki.
b) Na espresso nałóż gałkę lodów waniliowych.
c) Podawaj natychmiast i ciesz się, jak lody rozpływają się w espresso.

WARIANTY AFFOGATO

2. Affogato z czekoladą i orzechami laskowymi

SKŁADNIKI:
- 1 gałka lodów czekoladowych lub lodów
- 1 shot espresso
- 1 łyżka kremu z orzechów laskowych.

INSTRUKCJE:

a) Do szklanki włóż gałkę lodów czekoladowych lub lodów.

b) Łyżką rozsmaruj orzechy laskowe na lodach. Wlej porcję gorącego espresso na lody.

c) Delikatnie wymieszaj, aby połączyć smaki.

d) Podawaj natychmiast i rozkoszuj się dekadenckim połączeniem czekolady, orzechów laskowych i espresso.

3. Amaretto Affogato

SKŁADNIKI:
- 1 gałka lodów migdałowych lub amaretto
- 1 kieliszek likieru amaretto
- 1 shot espresso

INSTRUKCJE:

a) Do szklanki włóż gałkę lodów migdałowych lub amaretto.

b) Lody polej kieliszkiem likieru amaretto. Dodaj porcję gorącego espresso.

c) Delikatnie wymieszaj, aby połączyć smaki.

d) Podawaj natychmiast i delektuj się zachwycającym połączeniem amaretto, migdałów i espresso.

4. Tiramisu Affogato

SKŁADNIKI:
- 1 miarka lodów mascarpone
- 1 shot espresso
- 1 łyżka kakao w proszku

INSTRUKCJE:

a) Do szklanki włóż gałkę lodów mascarpone.
b) Wlej porcję gorącego espresso na lody.
c) Posyp wierzch kakao w proszku.
d) Podawaj natychmiast i ciesz się przypominającym smakiem tiramisu w tej odmianie Affogato.

5. Solony Karmel Affogato

SKŁADNIKI:
- 1 miarka lodów solonego karmelu
- 1 shot espresso
- sos karmelowy

INSTRUKCJE:

a) Do szklanki włóż gałkę solonego karmelu.
b) Wlej porcję gorącego espresso na lody.
c) Skropić sosem karmelowym.
d) Podawaj natychmiast i delektuj się połączeniem słodkich i słonych smaków.

6. Sorbet cytrynowy Affogato

SKŁADNIKI:

- 1 miarka sorbetu cytrynowego
- 1 kieliszek likieru limoncello
- 1 shot espresso
- skórka z cytryny (opcjonalnie).

INSTRUKCJE:

a) Do szklanki włóż gałkę sorbetu cytrynowego.
b) Sorbet polej kieliszkiem likieru limoncello.
c) Dodaj porcję gorącego espresso. W razie potrzeby udekoruj skórką z cytryny.
d) Podawaj natychmiast i ciesz się orzeźwiającym i pikantnym smakiem.

7. Pistacje Affogato

SKŁADNIKI:
- 1 miarka lodów pistacjowych
- 1 shot espresso
- pokruszone pistacje

INSTRUKCJE:
a) Do szklanki włóż gałkę lodów pistacjowych.
b) Wlej porcję gorącego espresso na lody.
c) Posypać pokruszonymi pistacjami.

8. Kokosowe Affogato

SKŁADNIKI:
- 1 gałka lodów kokosowych lub lodów na mleku kokosowym
- 1 shot espresso
- prażone płatki kokosowe.

INSTRUKCJE:

a) Do szklanki włóż gałkę lodów kokosowych lub lodów z mleka kokosowego.
b) Wlej porcję gorącego espresso na lody.
c) Posypać prażonymi płatkami kokosowymi.

9. Migdałowe Affogato

SKŁADNIKI:
- 1 gałka lodów migdałowych lub lodów z mlekiem migdałowym
- 1 kieliszek likieru amaretto
- 1 shot espresso
- krojone migdały

INSTRUKCJE:

a) Do szklanki lub miski włóż gałkę lodów migdałowych lub lodów z mleka migdałowego.
b) Lody polej kieliszkiem likieru amaretto.
c) Przygotuj shot gorącego espresso i polej nim lody i likier.
d) Udekoruj posypką pokrojonymi w plasterki migdałami.
e) Podawaj natychmiast i ciesz się zachwycającym połączeniem smaków migdałów, amaretto i espresso.

10. Affogato z pomarańczą i ciemną czekoladą

SKŁADNIKI:
- 1 miarka pomarańczowych lodów lub sorbetów
- 1 shot espresso
- wiórki gorzkiej czekolady lub starta gorzka czekolada

INSTRUKCJE:
a) Do szklanki włóż gałkę pomarańczowych lodów lub sorbetów.
b) Wlej porcję gorącego espresso na lody.
c) Posypać wiórkami gorzkiej czekolady lub startą gorzką czekoladą.

11. Nutella Affogato

SKŁADNIKI:
- 1 gałka lodów lub lodów orzechowych
- 1 shot espresso
- 1 łyżka Nutelli.

INSTRUKCJE:
a) Do szklanki włóż gałkę lodów lub lodów orzechowych.
b) Połóż Nutellę na lodach.
c) Wlej porcję gorącego espresso na lody.
d) Delikatnie wymieszaj, aby połączyć smaki.

12. Affogato z kawałkami miętowej czekolady

SKŁADNIKI:

- 1 gałka lodów lub lodów miętowo-czekoladowych
- 1 shot espresso
- syrop czekoladowy
- świeże liście mięty (opcjonalnie)

INSTRUKCJE:

a) Do szklanki włóż gałkę lodów lub lodów miętowo-czekoladowych.
b) Wlej porcję gorącego espresso na lody.
c) Skropić syropem czekoladowym.
d) W razie potrzeby udekoruj świeżymi liśćmi mięty.

13. Sorbetto Malinowe Affogato

SKŁADNIKI:

- 1 miarka sorbetto malinowego
- 1 kieliszek likieru malinowego (np. Chambord)
- 1 shot espresso
- świeże jagody

INSTRUKCJE:

a) Do szklanki włóż gałkę malinowego sorbetto.
b) Soretto polej kieliszkiem likieru malinowego.
c) Dodaj porcję gorącego espresso.
d) Udekoruj świeżymi jagodami.

14. Karmelowe Macchiato Affogato

SKŁADNIKI:
- 1 gałka lodów karmelowych lub lodów
- 1 shot espresso
- syrop karmelowy
- bita śmietana.

INSTRUKCJE:
a) Do szklanki włóż gałkę lodów karmelowych lub lodów.
b) Wlej porcję gorącego espresso na lody.
c) Skropić syropem karmelowym.
d) Posmaruj bitą śmietaną.

15. Biscotti Affogato z orzechami laskowymi

SKŁADNIKI:
- 1 gałka lodów lub lodów orzechowych
- 1 shot espresso
- pokruszone ciastko z orzechami laskowymi.

INSTRUKCJE:
a) Do szklanki włóż gałkę lodów lub lodów orzechowych.
b) Wlej porcję gorącego espresso na lody.
c) Posypać pokruszonym biszkoptem z orzechów laskowych.

16. Czekoladowe Affogato

SKŁADNIKI:
1 shot espresso
1 gałka lodów czekoladowych
wiórki czekoladowe lub kakao (opcjonalnie, do dekoracji)

INSTRUKCJE:
Przygotuj shota espresso i wlej je do filiżanki lub szklanki.
Do filiżanki dodaj gałkę lodów czekoladowych.
Opcjonalnie można udekorować wiórkami czekolady lub posypką kakaową.
Podawaj natychmiast i delektuj się połączeniem smaków czekolady i espresso.

17. Affogato z orzechów laskowych

SKŁADNIKI:
1 shot espresso
1 gałka lodów lub lodów orzechowych
Pokruszone orzechy laskowe (opcjonalnie, do dekoracji)

INSTRUKCJE:
Zrób shota espresso i wlej go do filiżanki.
Do filiżanki włóż gałkę lodów lub lodów orzechowych.
W razie potrzeby posyp pokruszonymi orzechami laskowymi na wierzchu, aby dodać chrupkości i smaku.
Podawaj natychmiast i ciesz się zachwycającym połączeniem orzecha laskowego i espresso.

18. Karmelowe Affogato

SKŁADNIKI:
1 shot espresso
1 gałka lodów karmelowych
Sos karmelowy (opcjonalnie, do skropienia)

INSTRUKCJE:
Zaparz shota espresso i wlej je do filiżanki lub szklanki.
Dodaj gałkę lodów karmelowych do espresso.
W razie potrzeby polej lody sosem karmelowym.
Podawaj natychmiast i delektuj się słodko-kremowym karmelowym affogato.

19. Affogato z kawałkami miętowej czekolady

SKŁADNIKI:
1 shot espresso
1 gałka lodów miętowych z kawałkami czekolady
wiórki gorzkiej czekolady (opcjonalnie, do dekoracji)

INSTRUKCJE:
Przygotuj shota espresso i wlej je do filiżanki lub szklanki.
Do filiżanki dodaj gałkę lodów miętowo-czekoladowych.
W razie potrzeby udekoruj wiórkami gorzkiej czekolady.
Podawaj natychmiast i ciesz się orzeźwiającym połączeniem mięty i espresso.

20. Affogato z ziaren wanilii

SKŁADNIKI:
1 shot espresso
1 gałka lodów waniliowych
Nasiona wanilii (opcjonalnie, do dekoracji)

INSTRUKCJE:
Zrób shota espresso i wlej go do filiżanki.
Do filiżanki włóż gałkę lodów waniliowych.
W razie potrzeby posyp nasiona wanilii na wierzchu, aby dodać smaku i prezentacji.
Podawaj natychmiast i delektuj się klasycznym połączeniem wanilii i espresso.

21. Affogato al Caffè

SKŁADNIKI:
1 shot espresso
1 gałka lodów lub lodów o smaku kawowym

INSTRUKCJE:
Zaparz shota espresso i wlej je do filiżanki lub szklanki.
Do filiżanki dodaj gałkę lodów lub lodów o smaku kawowym.
Podawaj natychmiast i ciesz się intensywną kombinacją kawy.

22. Irlandzki krem Affogato

SKŁADNIKI:
1 shot espresso
1 gałka śmietanki irlandzkiej lub lodów o smaku Baileys
Bita śmietana (opcjonalnie, do posypania)
Syrop czekoladowy (opcjonalnie, do polania)

INSTRUKCJE:
Przygotuj shota espresso i wlej je do filiżanki lub szklanki.
Do filiżanki dodaj gałkę śmietanki irlandzkiej lub lodów o smaku Baileys.
Opcjonalnie polej lody bitą śmietaną i polej syropem czekoladowym.
Podawaj natychmiast i delektuj się bogatym i kremowym irlandzkim kremem affogato.

23. Affogato z czekoladą kokosową

SKŁADNIKI:
1 shot espresso
1 gałka lodów kokosowo-czekoladowych
Prażone płatki kokosowe (opcjonalnie, do dekoracji)

INSTRUKCJE:
Zaparz shota espresso i wlej je do filiżanki lub szklanki.
Dodaj gałkę lodów kokosowo-czekoladowych na wierzch espresso.
W razie potrzeby udekoruj prażonymi płatkami kokosowymi, aby uzyskać tropikalny akcent.
Podawaj natychmiast i delektuj się zachwycającą mieszanką kokosa i czekolady z espresso.

24. Solony Karmel Affogato

SKŁADNIKI:
1 shot espresso
1 gałka lodów solonego karmelu
Płatki soli morskiej (opcjonalnie, do dekoracji)

INSTRUKCJE:
Przygotuj shota espresso i wlej je do filiżanki lub szklanki.
Do filiżanki dodaj gałkę lodów o solonym karmelu.
Opcjonalnie posyp szczyptą płatków soli morskiej dla kontrastu smaków.
Podawaj natychmiast i ciesz się idealną równowagą słodyczy i słoności w tej odmianie affogato.

25. Wiśnia Affogato

SKŁADNIKI:
1 shot espresso
1 gałka lodów lub lodów wiśniowych lub szwarcwaldzkich
Świeże wiśnie (opcjonalnie, do dekoracji)

INSTRUKCJE:
Zrób shota espresso i wlej go do filiżanki.
Do filiżanki włóż gałkę lodów wiśniowych lub szwarcwaldzkich lub lodów.
W razie potrzeby udekoruj świeżymi wiśniami, aby uzyskać owocowy akcent.
Podawaj natychmiast i delektuj się połączeniem wiśni i espresso.

26. Pomarańczowe Affogato

SKŁADNIKI:
1 shot espresso
1 miarka sorbetu pomarańczowego lub lodów
Skórka pomarańczowa (opcjonalnie, do dekoracji)

INSTRUKCJE:
Zaparz shota espresso i wlej je do filiżanki lub szklanki.
Dodaj gałkę sorbetu pomarańczowego lub lodów na wierzch espresso.
Jeśli chcesz, posyp wierzch skórką pomarańczową, aby dodać aromatu cytrusowego.
Podawaj natychmiast i ciesz się orzeźwiającym affogato z dodatkiem pomarańczy.

27. Ciasteczka i Krem Affogato

SKŁADNIKI:
1 shot espresso
1 gałka ciasteczek i lodów śmietankowych
Ciasteczka kanapkowe z pokruszoną czekoladą (opcjonalnie, do dekoracji)

INSTRUKCJE:
Przygotuj shota espresso i wlej je do filiżanki lub szklanki.
Do filiżanki dodaj gałkę ciasteczek i lodów śmietankowych.
W razie potrzeby udekoruj pokruszonymi czekoladowymi ciasteczkami kanapkowymi, aby uzyskać dodatkową teksturę.
Podawaj natychmiast i ciesz się klasycznym połączeniem ciasteczek i śmietanki z espresso.

28. Matcha Affogato

SKŁADNIKI:
1 shot espresso
1 gałka lodów o smaku zielonej herbaty matcha
Matcha w proszku (opcjonalnie, do dekoracji)

INSTRUKCJE:
Zrób shota espresso i wlej go do filiżanki.
Do filiżanki włóż gałkę lodów o smaku zielonej herbaty matcha.
W razie potrzeby posyp trochę proszku matcha, aby uzyskać dodatkowy zastrzyk smaku.
Podawaj natychmiast i delektuj się wyjątkowym połączeniem matchy i espresso.

29. Affogato z masłem orzechowym

SKŁADNIKI:
1 shot espresso
1 gałka masła orzechowego lub lody z masła orzechowego
Zmielone orzeszki ziemne (opcjonalnie, do dekoracji)

INSTRUKCJE:
Zaparz shota espresso i wlej je do filiżanki lub szklanki.
Dodaj gałkę masła orzechowego lub lody z masła orzechowego na wierzch espresso.
Opcjonalnie posyp lody pokruszonymi orzeszkami ziemnymi, aby dodać im chrupkości.
Podawaj natychmiast i ciesz się smakowitym połączeniem masła orzechowego i espresso.

30. Malinowe Affogato

SKŁADNIKI:
1 shot espresso
1 miarka sorbetu malinowego lub lodów
Świeże maliny (opcjonalnie, do dekoracji)

INSTRUKCJE:
Przygotuj shota espresso i wlej je do filiżanki lub szklanki.
Do filiżanki dodaj gałkę sorbetu malinowego lub lodów.
W razie potrzeby udekoruj świeżymi malinami, aby uzyskać efekt owocowego smaku.
Podawaj natychmiast i ciesz się żywym malinowym affogato.

WYśmienite wariacje afffogato

31. Affogato z miodem lawendowym

SKŁADNIKI:
ŻELATY Z MIODEM LAWENDOWYM:
- 2 szklanki pełnego mleka
- 1 szklanka gęstej śmietanki
- ½ szklanki miodu
- 2 łyżki suszonych kwiatów lawendy
- 5 żółtek
- ¼ łyżeczki soli

AFFOGATO
- 1 miarka lodów lawendowo-miodowych
- 1 shot (około 1-2 uncji) świeżo parzonego espresso
- Opcjonalnie: gałązki świeżej lawendy do dekoracji

INSTRUKCJE:
ŻELATY Z MIODEM LAWENDOWYM:
a) W rondlu wymieszaj mleko, śmietanę, miód i suszone kwiaty lawendy. Postaw rondelek na średnim ogniu i podgrzewaj mieszaninę, aż zacznie parować, od czasu do czasu mieszając. Nie dopuść do wrzenia.
b) Po ugotowaniu zdejmij rondelek z ognia i pozwól, aby lawenda wniknęła w mieszaninę na około 20 minut.
c) W osobnej misce wymieszaj żółtka i sól, aż dobrze się połączą.
d) Powoli wlewaj mieszaninę mleka z dodatkiem lawendy do żółtek, cały czas mieszając, aby jajka się zahartowały.
e) Wlać mieszaninę z powrotem do rondla i gotować na średnim ogniu, ciągle mieszając, aż zgęstnieje i pokryje grzbiet łyżki. Powinno to zająć około 5-7 minut.
f) Zdejmij rondelek z ognia i przecedź mieszaninę przez sito o drobnych oczkach, aby usunąć kwiaty lawendy i wszelkie ugotowane kawałki jaj. Wyrzucić ciała stałe.
g) Pozwól mieszaninie ostygnąć do temperatury pokojowej, następnie przykryj i wstaw do lodówki na co najmniej 4 godziny lub na noc, aby schłodzić i rozwinąć smaki.
h) Po schłodzeniu wlać mieszaninę do maszyny do lodów i ubijać zgodnie z INSTRUKCJĄ producenta: aż lody uzyskają miękką konsystencję.
i) Przenieś lody do zamykanego pojemnika i zamrażaj przez co najmniej 4 godziny lub do momentu, aż będą twarde.

Affogato
j) Do szklanki lub miski włóż gałkę lodów lawendowo-miodowych.

k) Zaparz shota espresso za pomocą ekspresu lub jednej z alternatywnych metod parzenia wymienionych wcześniej.
l) Zalej gorące espresso gałką lodów lawendowo-miodowych.
m) W razie potrzeby udekoruj gałązką świeżej lawendy.
n) Podawaj Lavender Honey Affogato od razu i ciesz się połączeniem kremowych lodów z aromatycznymi aromatami lawendy i miodu, wzmocnionymi bogactwem espresso.

32. Balsamiczne truskawkowe Affogato

SKŁADNIKI:
BALSAMICZNE ŻELATY TRUSKAWKOWE:
- 2 szklanki świeżych truskawek, obranych i posiekanych
- ½ szklanki) cukru
- 1 łyżka octu balsamicznego
- 2 szklanki pełnego mleka
- 1 szklanka gęstej śmietanki
- 5 żółtek
- ½ łyżeczki ekstraktu waniliowego
- Szczypta soli

Affogato
- 1 miarka balsamicznych lodów truskawkowych
- 1 shot (około 1-2 uncji) świeżo parzonego espresso
- Opcjonalnie: świeże truskawki do dekoracji

INSTRUKCJE:
BALSAMICZNE ŻELATY TRUSKAWKOWE:
a) W misce wymieszaj posiekane truskawki, cukier i ocet balsamiczny. Pozostaw mieszaninę na około 15 minut, aby truskawki zmacerowały i puściły sok.

b) Przełóż masę truskawkową do blendera lub robota kuchennego i zmiksuj na gładką masę. Odłożyć na bok.

c) W rondlu podgrzej mleko i śmietankę na średnim ogniu, aż zacznie parować, od czasu do czasu mieszając. Nie dopuść do wrzenia.

d) W osobnej misce wymieszaj żółtka, ekstrakt waniliowy i sól, aż dobrze się połączą.

e) Powoli wlewaj ciepłą mieszaninę mleka i śmietanki do żółtek, cały czas mieszając, aby jajka się zagęściły.

f) Włóż mieszaninę do rondla i gotuj na średnim ogniu, ciągle mieszając, aż zgęstnieje i pokryje grzbiet łyżki. Powinno to zająć około 5-7 minut.

g) Zdejmij rondelek z ognia i przecedź mieszaninę przez sito o drobnych oczkach, aby usunąć wszelkie ugotowane kawałki jaj.

h) Mieszaj puree truskawkowe z masą budyniową, aż składniki dobrze się połączą.

i) Pozwól mieszaninie ostygnąć do temperatury pokojowej, następnie przykryj i wstaw do lodówki na co najmniej 4 godziny lub na noc, aby schłodzić i rozwinąć smaki.

j) Po schłodzeniu wlać mieszaninę do maszyny do lodów i ubijać zgodnie z INSTRUKCJĄ producenta: aż lody uzyskają miękką konsystencję.

k) Przenieś lody do zamykanego pojemnika i zamrażaj przez co najmniej 4 godziny lub do momentu, aż będą twarde.

Affogato

l) Do szklanki lub miski włóż gałkę balsamicznych lodów truskawkowych.

m) Zaparz shota espresso za pomocą ekspresu lub jednej z alternatywnych metod parzenia wymienionych wcześniej.

n) Gorące espresso zalej gałką balsamicznych lodów truskawkowych.

o) W razie potrzeby udekoruj świeżymi truskawkami.

p) Podawaj natychmiast balsamiczne truskawkowe Affogato i ciesz się połączeniem kremowych lodów ze słodkim i pikantnym smakiem balsamicznych truskawek, uzupełnionym bogactwem espresso

33. Affogato z oliwą z oliwek i solą morską

SKŁADNIKI:

Lody z oliwy z oliwek i soli morskiej:
- 2 szklanki pełnego mleka
- 1 szklanka gęstej śmietanki
- ¾ szklanki granulowanego cukru
- 4 duże żółtka
- ⅓ szklanki oliwy z oliwek z pierwszego tłoczenia
- 1 łyżeczka czystego ekstraktu waniliowego
- ½ łyżeczki soli morskiej

AFFOGATO
- 1 miarka oliwy z oliwek i lody z solą morską
- 1 shot (około 1-2 uncji) świeżo parzonego espresso
- Opcjonalnie: odrobina oliwy z oliwek z pierwszego tłoczenia i szczypta soli morskiej do dekoracji

INSTRUKCJE:

Lody z oliwy z oliwek i soli morskiej:
a) W rondelku połącz mleko i śmietanę. Podgrzewaj na średnim ogniu, aż zacznie parować, od czasu do czasu mieszając. Nie dopuść do wrzenia.
b) W osobnej misce wymieszaj cukier i żółtka, aż dobrze się połączą.
c) Powoli wlewaj ciepłą mieszaninę mleka i śmietanki do żółtek, cały czas mieszając, aby jajka się zagęściły.
d) Włóż mieszaninę do rondla i gotuj na średnim ogniu, ciągle mieszając, aż zgęstnieje i pokryje grzbiet łyżki. Powinno to zająć około 5-7 minut.
e) Zdejmij rondelek z ognia i wymieszaj oliwę z oliwek, ekstrakt waniliowy i sól morską, aż dobrze się połączą.
f) Pozwól mieszaninie ostygnąć do temperatury pokojowej, następnie przykryj i wstaw do lodówki na co najmniej 4 godziny lub na noc, aby schłodzić i rozwinąć smaki.
g) Po schłodzeniu wlać mieszaninę do maszyny do lodów i ubijać zgodnie z INSTRUKCJĄ producenta: aż lody uzyskają miękką konsystencję.
h) Przenieś lody do zamykanego pojemnika i zamrażaj przez co najmniej 4 godziny lub do momentu, aż będą twarde.

AFFOGATO
i) Do szklanki lub miski włóż gałkę lodów z oliwy z oliwek i soli morskiej.
j) Zaparz shota espresso za pomocą ekspresu lub jednej z alternatywnych metod parzenia wymienionych wcześniej.

k) Zalej gorące espresso łyżką oliwy z oliwek i lodami z solą morską.

l) W razie potrzeby skrop lody odrobiną oliwy z oliwek z pierwszego tłoczenia i posyp szczyptą soli morskiej na wierzch, aby uzyskać dodatkową porcję smaku.

m) Podawaj natychmiast Affogato z oliwą z oliwek i solą morską i ciesz się połączeniem kremowych lodów z wyjątkowymi smakami oliwy z oliwek i soli morskiej, wzmocnionymi bogactwem espresso.

34. Ser pleśniowy i figa Affogato

SKŁADNIKI:

Lody z serem pleśniowym i figami:
- 2 szklanki pełnego mleka
- 1 szklanka gęstej śmietanki
- ¾ szklanki granulowanego cukru
- 4 duże żółtka
- 4 uncje sera pleśniowego, pokruszonego
- 1 szklanka suszonych fig, drobno posiekanych
- 1 łyżeczka ekstraktu waniliowego

AFFOGATO
- 1 gałka sera pleśniowego i lodów figowych
- 1 shot (około 1-2 uncji) świeżo parzonego espresso
- Opcjonalnie: odrobina miodu do dekoracji

INSTRUKCJE:

Lody z serem pleśniowym i figami:

a) W rondelku połącz mleko i śmietanę. Podgrzewaj na średnim ogniu, aż zacznie parować, od czasu do czasu mieszając. Nie dopuść do wrzenia.

b) W osobnej misce wymieszaj cukier i żółtka, aż dobrze się połączą.

c) Powoli wlewaj ciepłą mieszaninę mleka i śmietanki do żółtek, cały czas mieszając, aby jajka się zagęściły.

d) Włóż mieszaninę do rondla i gotuj na średnim ogniu, ciągle mieszając, aż zgęstnieje i pokryje grzbiet łyżki. Powinno to zająć około 5-7 minut.

e) Zdejmij rondelek z ognia i dodaj pokruszony ser pleśniowy, aż całkowicie się rozpuści i połączy.

f) Wymieszaj posiekane suszone figi i ekstrakt waniliowy, aż dobrze się połączą.

g) Pozwól mieszaninie ostygnąć do temperatury pokojowej, następnie przykryj i wstaw do lodówki na co najmniej 4 godziny lub na noc, aby schłodzić i rozwinąć smaki.

h) Po schłodzeniu wlać mieszaninę do maszyny do lodów i ubijać zgodnie z INSTRUKCJĄ producenta: aż lody uzyskają miękką konsystencję.

i) Przenieś lody do zamykanego pojemnika i zamrażaj przez co najmniej 4 godziny lub do momentu, aż będą twarde.

AFFOGATO

j) Do szklanki lub miski włóż gałkę sera pleśniowego i lodów figowych.

k) Zaparz shota espresso za pomocą ekspresu lub jednej z alternatywnych metod parzenia wymienionych wcześniej.

l) Wlać gorące espresso na gałkę sera pleśniowego i lody figowe.
m) Opcjonalnie: Skropić wierzch odrobiną miodu, aby dodać mu słodyczy i udekorować.
n) Podawaj natychmiast Blue Cheese i Fig Affogato i ciesz się wyjątkowym połączeniem kremowych, pikantnych lodów z serem pleśniowym ze słodkimi, owocowymi nutami fig, wzmocnionymi bogactwem espresso.

35. Affogato z rozmarynem i karmelem

SKŁADNIKI:
KARMELOWE ŻELATY ROZMARYNOWE:
- 2 szklanki pełnego mleka
- 1 szklanka gęstej śmietanki
- ¾ szklanki granulowanego cukru
- 4 duże żółtka
- 2 gałązki świeżego rozmarynu
- 1 łyżeczka ekstraktu waniliowego
- ½ szklanki sosu karmelowego

AFFOGATO
- 1 miarka lodów karmelowo-rozmarynowych
- 1 shot (około 1-2 uncji) świeżo parzonego espresso
- Opcjonalnie: gałązka świeżego rozmarynu do dekoracji

INSTRUKCJE:
KARMELOWE ŻELATY ROZMARYNOWE:
a) W rondlu wymieszaj mleko, śmietanę i świeże gałązki rozmarynu. Podgrzewaj na średnim ogniu, aż zacznie parować, od czasu do czasu mieszając. Nie dopuść do wrzenia.
b) W osobnej misce wymieszaj cukier i żółtka, aż dobrze się połączą.
c) Powoli wlewaj ciepłe mleko i mieszaninę rozmarynu do żółtek, cały czas mieszając, aby jajka się zahartowały.
d) Włóż mieszaninę do rondla i gotuj na średnim ogniu, ciągle mieszając, aż zgęstnieje i pokryje grzbiet łyżki. Powinno to zająć około 5-7 minut.
e) Zdejmij rondelek z ognia i przecedź mieszaninę przez sito o drobnych oczkach, aby usunąć gałązki rozmarynu.
f) Mieszaj ekstrakt waniliowy i sos karmelowy, aż dobrze się połączą.
g) Pozwól mieszaninie ostygnąć do temperatury pokojowej, następnie przykryj i wstaw do lodówki na co najmniej 4 godziny lub na noc, aby schłodzić i rozwinąć smaki.
h) Po schłodzeniu wlać mieszaninę do maszyny do lodów i ubijać zgodnie z INSTRUKCJĄ producenta: aż lody uzyskają miękką konsystencję.
i) Przenieś lody do zamykanego pojemnika i zamrażaj przez co najmniej 4 godziny lub do momentu, aż będą twarde.

AFFOGATO
j) Do szklanki lub miski włóż gałkę lodów karmelowo-rozmarynowych.
k) Zaparz shota espresso za pomocą ekspresu lub jednej z alternatywnych metod parzenia wymienionych wcześniej.
l) Zalej gorące espresso gałką lodów karmelowo-rozmarynowych.
m) Opcjonalnie: Udekoruj gałązką świeżego rozmarynu, aby uzyskać dekoracyjny akcent.
n) Podawaj natychmiast Rosemary Caramel Affogato i ciesz się połączeniem kremowych lodów karmelowych nasyconych aromatyczną esencją rozmarynu, doskonale uzupełnionych śmiałością espresso.

36. Szafranowo-pistacyjny Affogato

SKŁADNIKI:
SZAFRANOWE LODY PISTACJOWE:
- 2 szklanki pełnego mleka
- 1 szklanka gęstej śmietanki
- ¾ szklanki granulowanego cukru
- 4 duże żółtka
- ¼ łyżeczki nitek szafranu
- 1 łyżeczka ekstraktu waniliowego
- ½ szklanki pistacji, obranych i drobno posiekanych

AFFOGATO
- 1 miarka lodów pistacjowo-szafranowych
- 1 shot (około 1-2 uncji) świeżo parzonego espresso
- Opcjonalnie: odrobina pokruszonych pistacji do dekoracji

INSTRUKCJE:
SZAFRANOWE LODY PISTACJOWE:
a) W rondlu wymieszaj mleko, śmietanę i nitki szafranu. Podgrzewaj na średnim ogniu, aż zacznie parować, od czasu do czasu mieszając. Nie dopuść do wrzenia.
b) W osobnej misce wymieszaj cukier i żółtka, aż dobrze się połączą.
c) Powoli wlewaj ciepłe mleko i szafranową mieszaninę do żółtek, cały czas mieszając, aby jajka się zahartowały.
d) Włóż mieszaninę do rondla i gotuj na średnim ogniu, ciągle mieszając, aż zgęstnieje i pokryje grzbiet łyżki. Powinno to zająć około 5-7 minut.
e) Zdejmij rondelek z ognia i przecedź mieszaninę przez sito o drobnych oczkach, aby usunąć nitki szafranu.
f) Mieszaj ekstrakt waniliowy, aż dobrze się połączy.
g) Pozwól mieszaninie ostygnąć do temperatury pokojowej, następnie przykryj i wstaw do lodówki na co najmniej 4 godziny lub na noc, aby schłodzić i rozwinąć smaki.
h) Po schłodzeniu wlać mieszaninę do maszyny do lodów i ubijać zgodnie z INSTRUKCJĄ producenta: aż lody uzyskają miękką konsystencję.
i) Wymieszaj drobno posiekane pistacje, upewniając się, że są równomiernie rozmieszczone w lodach.
j) Przenieś lody do zamykanego pojemnika i zamrażaj przez co najmniej 4 godziny lub do momentu, aż będą twarde.
AFFOGATO
k) Do szklanki lub miski włóż gałkę szafranowych lodów pistacjowych.
l) Zaparz shota espresso za pomocą ekspresu lub jednej z alternatywnych metod parzenia wymienionych wcześniej.
m) Zalej gorące espresso gałką lodów szafranowo-pistacjowych.
n) Opcjonalnie: posyp pokruszonymi pistacjami dla dekoracji.
o) Podawaj natychmiast Saffron Pistachio Affogato i ciesz się połączeniem delikatnego smaku szafranu, orzechowości pistacji i bogactwa espresso.

37. Affogato z białą czekoladą Matcha

SKŁADNIKI:
ŻELATY Z BIAŁEJ CZEKOLADY MATCHA:
- 2 szklanki pełnego mleka
- 1 szklanka gęstej śmietanki
- ¾ szklanki granulowanego cukru
- 4 duże żółtka
- 3 łyżki proszku matcha
- 4 uncje białej czekolady, drobno posiekanej
- 1 łyżeczka ekstraktu waniliowego

AFFOGATO
- 1 miarka lodów matcha z białą czekoladą
- 1 shot (około 1-2 uncji) świeżo parzonego espresso
- Opcjonalnie: odrobina proszku matcha do dekoracji

INSTRUKCJE:
ŻELATY Z BIAŁEJ CZEKOLADY MATCHA:
a) W rondlu wymieszaj mleko, śmietanę i proszek matcha. Podgrzewaj na średnim ogniu, aż zacznie parować, od czasu do czasu mieszając. Nie dopuść do wrzenia.
b) W osobnej misce wymieszaj cukier i żółtka, aż dobrze się połączą.
c) Powoli wlewaj ciepłe mleko i mieszankę matcha do żółtek, cały czas mieszając, aby jajka się zahartowały.
d) Włóż mieszaninę do rondla i gotuj na średnim ogniu, ciągle mieszając, aż zgęstnieje i pokryje grzbiet łyżki. Powinno to zająć około 5-7 minut.
e) Zdejmij rondelek z ognia i dodaj posiekaną białą czekoladę, aż całkowicie się rozpuści i połączy.
f) Mieszaj ekstrakt waniliowy, aż dobrze się połączy.
g) Pozwól mieszaninie ostygnąć do temperatury pokojowej, następnie przykryj i wstaw do lodówki na co najmniej 4 godziny lub na noc, aby schłodzić i rozwinąć smaki.
h) Po schłodzeniu wlać mieszaninę do maszyny do lodów i ubijać zgodnie z INSTRUKCJĄ producenta: aż lody uzyskają miękką konsystencję.
i) Przenieś lody do zamykanego pojemnika i zamrażaj przez co najmniej 4 godziny lub do momentu, aż będą twarde.

AFFOGATO
j) Do szklanki lub miski włóż gałkę lodów z białą czekoladą matcha.
k) Zaparz shota espresso za pomocą ekspresu lub jednej z alternatywnych metod parzenia wymienionych wcześniej.
l) Gorące espresso zalej gałką lodów matcha z białą czekoladą.
m) Opcjonalnie: Posyp wierzch lodów odrobiną proszku matcha dla dekoracji.
n) Podawaj natychmiast Matcha White Chocolate Affogato i ciesz się połączeniem ziemistego, lekko gorzkiego smaku matcha z kremową słodyczą białej czekolady, uzupełnioną bogactwem espresso.

38. Affogato z czarnym sezamem

SKŁADNIKI:

Lody z czarnego sezamu:
- 2 szklanki pełnego mleka
- 1 szklanka gęstej śmietanki
- ¾ szklanki granulowanego cukru
- 4 duże żółtka
- ½ szklanki czarnego sezamu
- ½ łyżeczki ekstraktu waniliowego
- Szczypta soli

AFFOGATO
- 1 miarka lodów z czarnego sezamu
- 1 shot (około 1-2 uncji) świeżo parzonego espresso
- Opcjonalnie: czarny sezam do dekoracji

INSTRUKCJE:

Lody z czarnego sezamu:

a) Na suchej patelni na średnim ogniu praż nasiona czarnego sezamu przez około 2-3 minuty, aż zacznie wydzielać zapach, od czasu do czasu mieszając. Uważaj, aby ich nie spalić.

b) Przenieś prażone nasiona sezamu do blendera lub robota kuchennego i zmiel je, aż utworzą drobny proszek. Odłożyć na bok.

c) W rondlu wymieszaj mleko, śmietanę i zmielony czarny sezam w proszku. Podgrzewaj na średnim ogniu, aż zacznie parować, od czasu do czasu mieszając. Nie dopuść do wrzenia.

d) W osobnej misce wymieszaj cukier i żółtka, aż dobrze się połączą.

e) Powoli wlewaj ciepłą mieszaninę mleka i śmietanki do żółtek, cały czas mieszając, aby jajka się zagęściły.

f) Włóż mieszaninę do rondla i gotuj na średnim ogniu, ciągle mieszając, aż zgęstnieje i pokryje grzbiet łyżki. Powinno to zająć około 5-7 minut.

g) Zdejmij rondelek z ognia i przecedź mieszaninę przez sito o drobnych oczkach, aby usunąć wszelkie ugotowane kawałki jaj i pozostałości sezamu.

h) Mieszaj ekstrakt waniliowy i szczyptę soli, aż dobrze się połączą.

i) Pozwól mieszaninie ostygnąć do temperatury pokojowej, następnie przykryj i wstaw do lodówki na co najmniej 4 godziny lub na noc, aby schłodzić i rozwinąć smaki.

j) Po schłodzeniu wlać mieszaninę do maszyny do lodów i ubijać zgodnie z INSTRUKCJĄ producenta: aż lody uzyskają miękką konsystencję.

k) Przenieś lody do zamykanego pojemnika i zamrażaj przez co najmniej 4 godziny lub do momentu, aż będą twarde.

AFFOGATO

l) Do szklanki lub miski włóż gałkę lodów z czarnego sezamu.

m) Zaparz shota espresso za pomocą ekspresu lub jednej z alternatywnych metod parzenia wymienionych wcześniej.

n) Wlać gorące espresso na gałkę lodów z czarnego sezamu.

o) W razie potrzeby posyp z wierzchu odrobiną czarnego sezamu dla dekoracji.

p) Podawaj natychmiast Affogato z czarnym sezamem i ciesz się połączeniem orzechowych, prażonych smaków czarnego sezamu z bogactwem espresso.

39. Affogato z trawą cytrynową i kokosem

SKŁADNIKI:
Lody kokosowe z trawą cytrynową:
- 2 szklanki mleka kokosowego
- 1 szklanka pełnego mleka
- 1 szklanka gęstej śmietanki
- ¾ szklanki granulowanego cukru
- 4 duże żółtka
- 2 łodygi trawy cytrynowej, posiniaczone i posiekane
- 1 łyżeczka ekstraktu waniliowego
- Opcjonalnie: wiórki kokosowe do dekoracji

AFFOGATO
- 1 miarka lodów kokosowych z trawą cytrynową
- 1 shot (około 1-2 uncji) świeżo parzonego espresso
- Opcjonalnie: wiórki kokosowe do dekoracji

INSTRUKCJE:
Lody kokosowe z trawą cytrynową:
a) W rondlu wymieszaj mleko kokosowe, mleko pełne, gęstą śmietanę i trawę cytrynową. Podgrzewaj na średnim ogniu, aż zacznie parować, od czasu do czasu mieszając. Nie dopuść do wrzenia.
b) W osobnej misce wymieszaj cukier i żółtka, aż dobrze się połączą.
c) Powoli wlewaj ciepłą mieszaninę mleka i śmietanki do żółtek, cały czas mieszając, aby jajka się zagęściły.
d) Włóż mieszaninę do rondla i gotuj na średnim ogniu, ciągle mieszając, aż zgęstnieje i pokryje grzbiet łyżki. Powinno to zająć około 5-7 minut.
e) Zdejmij rondelek z ognia i przecedź mieszaninę przez sito o drobnych oczkach, aby usunąć kawałki trawy cytrynowej.
f) Mieszaj ekstrakt waniliowy, aż dobrze się połączy.
g) Pozwól mieszaninie ostygnąć do temperatury pokojowej, następnie przykryj i wstaw do lodówki na co najmniej 4 godziny lub na noc, aby schłodzić i rozwinąć smaki.
h) Po schłodzeniu wlać mieszaninę do maszyny do lodów i ubić zgodnie z zaleceniami producenta
INSTRUKCJE: aż lody uzyskają miękką konsystencję.
i) Przenieś lody do zamykanego pojemnika i zamrażaj przez co najmniej 4 godziny lub do momentu, aż będą twarde.

AFFOGATO

j) Włóż gałkę lodów kokosowych z trawy cytrynowej do szklanki lub miski.

k) Zaparz shota espresso za pomocą ekspresu lub jednej z alternatywnych metod parzenia wymienionych wcześniej.

l) Zalej gorące espresso gałką lodów kokosowych z trawą cytrynową.

m) W razie potrzeby udekoruj posypką wiórków kokosowych.

n) Podawaj natychmiast kokosowe Affogato z trawą cytrynową i ciesz się połączeniem kremowych lodów z tropikalnymi smakami kokosa i subtelnymi cytrusowymi nutami trawy cytrynowej, wzmocnionymi bogactwem espresso.

40. Kardamonowa róża Affogato

SKŁADNIKI:
ŻELATY RÓŻOWE KARDAMONOWE:
- 2 szklanki pełnego mleka
- 1 szklanka gęstej śmietanki
- ¾ szklanki granulowanego cukru
- 4 duże żółtka
- 1 łyżeczka mielonego kardamonu
- 1 łyżeczka wody różanej
- ¼ łyżeczki ekstraktu waniliowego
- Opcjonalnie: kilka kropli różowego barwnika spożywczego (dla intensywnego różowego koloru)

AFFOGATO
- 1 miarka lodów kardamonowo-różowych
- 1 shot (około 1-2 uncji) świeżo parzonego espresso
- Opcjonalnie: jadalne płatki róż lub pokruszone pistacje do dekoracji

INSTRUKCJE:
ŻELATY RÓŻOWE KARDAMONOWE:
a) W rondelku połącz mleko i śmietanę. Podgrzewaj na średnim ogniu, aż zacznie parować, od czasu do czasu mieszając. Nie dopuść do wrzenia.

b) W osobnej misce wymieszaj cukier i żółtka, aż dobrze się połączą.

c) Powoli wlewaj ciepłą mieszaninę mleka i śmietanki do żółtek, cały czas mieszając, aby jajka się zagęściły.

d) Włóż mieszaninę do rondla i gotuj na średnim ogniu, ciągle mieszając, aż zgęstnieje i pokryje grzbiet łyżki. Powinno to zająć około 5-7 minut.

e) Zdejmij rondelek z ognia i dodaj zmielony kardamon, wodę różaną, ekstrakt waniliowy i różowy barwnik spożywczy (jeśli używasz). Dobrze wymieszaj, aby połączyć smaki i uzyskać pożądany kolor.

f) Pozwól mieszaninie ostygnąć do temperatury pokojowej, następnie przykryj i wstaw do lodówki na co najmniej 4 godziny lub na noc, aby schłodzić i rozwinąć smaki.

g) Po schłodzeniu wlać mieszaninę do maszyny do lodów i ubijać zgodnie z INSTRUKCJĄ producenta: aż lody uzyskają miękką konsystencję.

h) Przenieś lody do zamykanego pojemnika i zamrażaj przez co najmniej 4 godziny lub do momentu, aż będą twarde.

AFFOGATO
i) Włóż gałkę lodów kardamonowo-różowych do szklanki lub miski.

j) Zaparz shota espresso za pomocą ekspresu lub jednej z alternatywnych metod parzenia wymienionych wcześniej.
k) Zalej gorące espresso gałką lodów kardamonowo-różowych.
l) W razie potrzeby udekoruj jadalnymi płatkami róż lub pokruszonymi pistacjami.
m) Podawaj Cardamom Rose Affogato natychmiast i ciesz się połączeniem kremowych lodów z aromatycznymi smakami kardamonu i róży, wzmocnionymi bogactwem espresso.

41. Kardamon Affogato

SKŁADNIKI:
1 shot espresso
1 gałka lodów z dodatkiem kardamonu
Pokruszone pistacje (opcjonalnie, do dekoracji)

INSTRUKCJE:
Zaparz shota espresso i wlej je do filiżanki lub szklanki.
Dodaj gałkę lodów z kardamonem do espresso.
W razie potrzeby udekoruj pokruszonymi pistacjami, aby dodać tekstury i smaku.
Podawaj natychmiast i ciesz się egzotyczną mieszanką kardamonu i espresso.

42. Affogato z dodatkiem wody różanej

SKŁADNIKI:
1 shot espresso
1 gałka lodów z wodą różaną
Suszone płatki róż (opcjonalnie, do dekoracji)
Kolorowe posypki (opcjonalnie)

INSTRUKCJE:
Zrób shota espresso i wlej go do filiżanki.
Do filiżanki włóż gałkę lodów z wodą różaną.
W razie potrzeby posyp posypką i suszonymi płatkami róż, aby uzyskać piękną prezentację.
Podawaj natychmiast i delektuj się delikatnymi kwiatowymi nutami wody różanej połączonymi z espresso.

43. Szafranowo-pistacyjny Affogato

SKŁADNIKI:
1 shot espresso
1 gałka lodów z dodatkiem szafranu
Posiekane pistacje (opcjonalnie, do dekoracji)

INSTRUKCJE:
Przygotuj shota espresso i wlej je do filiżanki lub szklanki.
Dodaj gałkę lodów z dodatkiem szafranu do espresso.
W razie potrzeby udekoruj posiekanymi pistacjami, aby dodać chrupkości i smaku.
Podawaj natychmiast i ciesz się luksusowym połączeniem szafranu i espresso.

44. Figowy balsamiczny Affogato

SKŁADNIKI:
1 shot espresso
1 gałka lodów balsamicznych lub lodów figowych
Plasterki fig (opcjonalnie, do dekoracji)

INSTRUKCJE:
Zaparz shota espresso i wlej je do filiżanki lub szklanki.
Do filiżanki dodaj gałkę figowych lodów balsamicznych lub lodów.
Opcjonalnie udekoruj plasterkami świeżych fig, aby uzyskać wyrafinowany akcent.
Podawaj natychmiast i delektuj się wyjątkową mieszanką fig i balsamiku z espresso.

45. Affogato z orzecha klonowego

SKŁADNIKI:
1 shot espresso
1 gałka lodów klonowo-orzechowych
Posiekane orzechy włoskie (opcjonalnie, do dekoracji)

INSTRUKCJE:
Zrób shota espresso i wlej go do filiżanki.
Do filiżanki włóż gałkę lodów klonowo-orzechowych.
W razie potrzeby posyp posiekane orzechy włoskie na wierzch, aby dodać chrupkości i smaku.
Podawaj natychmiast i ciesz się pocieszającym połączeniem klonu i orzecha włoskiego z espresso.

46. Espresso Martini Affogato

SKŁADNIKI:
1 shot espresso
1 gałka likieru kawowego lub lodów o smaku martini espresso
Ziarna kawy (opcjonalnie, do dekoracji)

INSTRUKCJE:
Przygotuj shota espresso i wlej je do filiżanki lub szklanki.
Do filiżanki dodaj gałkę likieru kawowego lub lodów o smaku espresso martini.
W razie potrzeby udekoruj kilkoma ziarnami kawy, aby uzyskać dodatkową dawkę kofeiny.
Podawaj natychmiast i delektuj się dekadenckim połączeniem smaków espresso i espresso martini.

47. Affogato z szałwią jeżynową

SKŁADNIKI:
1 shot espresso
1 gałka lodów lub lodów z szałwią jeżynową
Świeże jeżyny (opcjonalnie, do dekoracji)

INSTRUKCJE:
Zaparz shota espresso i wlej je do filiżanki lub szklanki.
Dodaj gałkę lodów lub lodów z szałwią jeżynową do espresso.
W razie potrzeby udekoruj świeżymi jeżynami, aby uzyskać efekt owocowego smaku.
Podawaj natychmiast i delektuj się wyjątkowym połączeniem jeżyn i szałwii z espresso.

48. Affogato z trawą cytrynową i kokosem

SKŁADNIKI:
1 shot espresso
1 gałka lodów kokosowych lub lodów z trawy cytrynowej
Prażone płatki kokosowe (opcjonalnie, do dekoracji)

INSTRUKCJE:
Przygotuj shota espresso i wlej je do filiżanki lub szklanki.
Do filiżanki dodaj gałkę lodów kokosowych lub lodów z trawy cytrynowej.
Opcjonalnie możesz udekorować prażonymi płatkami kokosowymi dla dodatkowej tekstury i tropikalnego smaku.
Podawaj natychmiast i ciesz się orzeźwiającym połączeniem kokosa i trawy cytrynowej z espresso.

49. Piernikowe Affogato

SKŁADNIKI:
1 shot espresso
1 gałka lodów o smaku piernikowym
Okruszki ciasteczek piernikowych (opcjonalnie, do dekoracji)

INSTRUKCJE:
Zrób shota espresso i wlej go do filiżanki.
Do filiżanki włóż gałkę lodów o smaku piernikowym.
W razie potrzeby posyp na wierzch okruchami piernikowych ciasteczek, aby dodać pikanterii i tekstury.
Podawaj od razu i delektuj się świątecznym połączeniem piernika i espresso.

50. Herbata Earl Grey Affogato

SKŁADNIKI:
1 shot espresso
1 gałka lodów na bazie herbaty Earl Grey
Skórka bergamotki (opcjonalnie, do dekoracji)

INSTRUKCJE:
Zaparz shota espresso i wlej je do filiżanki lub szklanki.
Do filiżanki dodaj gałkę lodów z dodatkiem herbaty Earl Grey.
W razie potrzeby udekoruj odrobiną skórki bergamotki, aby uzyskać aromatyczny akcent.
Podawaj natychmiast i ciesz się aromatyczną mieszanką herbaty Earl Grey i espresso.

51. Wiśniowe Amaretto Affogato

SKŁADNIKI:
1 shot espresso
1 gałka lodów wiśniowych amaretto lub lodów
Likier Amaretto (opcjonalnie, do skropienia)

INSTRUKCJE:
Przygotuj shota espresso i wlej je do filiżanki lub szklanki.
Dodaj gałkę wiśniowego lody amaretto lub lodów na wierzch espresso.
Opcjonalnie skrop lody likierem amaretto, aby uzyskać dodatkowy zastrzyk smaku.
Podawaj natychmiast i delektuj się bogatym połączeniem wiśni, amaretto i espresso.

52. Affogato z różą pistacjową

SKŁADNIKI:
1 shot espresso
1 gałka lodów lub lodów pistacjowo-różowych
Okruchy pistacji (opcjonalnie, do dekoracji)

INSTRUKCJE:
Zaparz shota espresso i wlej je do filiżanki lub szklanki.
Dodaj gałkę lodów pistacjowych lub lodów na wierzch espresso.
W razie potrzeby udekoruj okruchami pistacji, aby uzyskać dodatkową konsystencję i orzechowy smak.
Podawaj natychmiast i ciesz się wykwintnym połączeniem pistacji i róży z espresso.

53. Mokka z orzechami laskowymi Affogato

SKŁADNIKI:
1 shot espresso
1 gałka lodów lub lodów mokka z orzechów laskowych
Pokruszone orzechy laskowe (opcjonalnie, do dekoracji)

INSTRUKCJE:
Zrób shota espresso i wlej go do filiżanki.
Do filiżanki włóż gałkę lodów lub lodów mokka z orzechów laskowych.
W razie potrzeby posyp pokruszonymi orzechami laskowymi na wierzchu, aby dodać chrupkości i smaku.
Podawaj natychmiast i ciesz się smakowitym połączeniem mokki, orzechów laskowych i espresso.

54. Karmelowe Macchiato Affogato

SKŁADNIKI:
1 shot espresso
1 gałka lodów karmelowych o smaku macchiato
Sos karmelowy (opcjonalnie, do skropienia)

INSTRUKCJE:
Przygotuj shota espresso i wlej je do filiżanki lub szklanki.
Do filiżanki dodaj gałkę lodów karmelowych o smaku macchiato.
Opcjonalnie skrop lody sosem karmelowym, aby uzyskać dodatkową warstwę słodyczy.
Podawaj natychmiast i ciesz się bogatym smakiem karmelu i espresso w tej odmianie affogato.

55. Cynamonowa bułka Affogato

SKŁADNIKI:
1 shot espresso
1 gałka lodów o smaku bułki cynamonowej
Cukier cynamonowy (opcjonalnie, do dekoracji)

INSTRUKCJE:
Zaparz shota espresso i wlej je do filiżanki lub szklanki.
Na espresso dodaj gałkę lodów o smaku bułki cynamonowej.
Jeśli chcesz, posyp wierzch cukrem cynamonowym, aby uzyskać wspaniały cynamonowy kopniak.
Podawaj natychmiast i delektuj się pocieszającymi smakami bułki cynamonowej i espresso.

56. Sernik jagodowy Affogato

SKŁADNIKI:
1 shot espresso
1 gałka lodów sernikowo-jagodowych lub lodów
Świeże jagody (opcjonalnie, do dekoracji)

INSTRUKCJE:
Zrób shota espresso i wlej go do filiżanki.
Do filiżanki włóż gałkę lodów sernikowo-jagodowych lub lodów.
W razie potrzeby udekoruj świeżymi jagodami, aby uzyskać efekt owocowego smaku.
Podawaj natychmiast i ciesz się smakowitym połączeniem sernika jagodowego i espresso.

57. Stalówka kakaowa Affogato

SKŁADNIKI:
- Niski kakaowe
- Gorące espresso lub mocna kawa parzona
- Lody waniliowe lub lody

INSTRUKCJE:
a) Zacznij od umieszczenia gałki lodów waniliowych lub lodów w szklance lub filiżance.
b) Posyp lody dużą ilością ziaren kakaowych. Nibsy kakaowe dodają pysznej chrupkości i nuty czekoladowego smaku.
c) Zaparz kieliszek gorącego espresso lub przygotuj filiżankę mocnej kawy, korzystając z preferowanej metody.
d) Ostrożnie wlej gorące espresso lub kawę na kawałki lodów i kakao. Gorący płyn lekko roztopi lody, tworząc kremowy i dekadencki deser.
e) Daj affogato kilka sekund, aby się uspokoiło i pozwól, aby smaki się połączyły.
f) Podawaj natychmiast Cacao Nib Affogato i ciesz się nim, dopóki lody są nadal kremowe, a kawa gorąca.

ZMIANY REGIONALNE

58. Francuska kawiarnia Affogato

SKŁADNIKI:

- 1 gałka francuskich lodów waniliowych
- 1 shot (około 1-2 uncji) świeżo parzonej mocnej kawy
- 1 łyżka Grand Marnier (likieru pomarańczowego)
- Opcjonalnie: bita śmietana i starta gorzka czekolada do dekoracji

INSTRUKCJE:

a) Do szklanki lub miski włóż gałkę francuskich lodów waniliowych. Upewnij się, że lody są dobrze schłodzone.

b) Zaparz shota mocnej kawy za pomocą ekspresu lub jednej z alternatywnych metod parzenia, o których wspomniałem wcześniej. Upewnij się, że kawa jest gorąca i świeżo zaparzona.

c) Na gałkę lodów zalej gorącą kawę, poczekaj, aż się rozpuści i połączy z lodami.

d) Do affogato dodaj łyżkę Grand Marnier. Likier pomarańczowy dodaje deserowi nutę cytrusowej słodyczy i odrobinę wyrafinowania.

e) Jeśli chcesz, możesz posypać affogato kleksem bitej śmietany i posypać startą ciemną czekoladą, aby uzyskać jeszcze bardziej rozkoszny akcent.

f) Podawaj natychmiast French Café Affogato, poczekaj, aż lody lekko się rozpuszczą i połączą z kawą i Grand Marnier.

59. Irlandzkie Affogato

SKŁADNIKI:

- 1 gałka irlandzkich lodów lub lodów
- 1 shot irlandzkiej whisky
- 1 shot espresso
- bita śmietana (opcjonalnie).

INSTRUKCJE:

a) Włóż gałkę irlandzkich lodów lub lodów do szklanki.
b) Do lodów wlej kieliszek irlandzkiej whisky.
c) Dodaj porcję gorącego espresso.
d) W razie potrzeby posyp bitą śmietaną.
e) Podawaj natychmiast i ciesz się irlandzkim akcentem klasycznego Affogato.

60. Argentyńskie Gelato al Caffè Affogato

SKŁADNIKI:

- 2 shoty espresso
- 2 gałki lodów dulce de leche (lub lodów karmelowych)
- Bita śmietana
- Posiekana czekolada lub kakao do dekoracji

INSTRUKCJE:

a) Przygotuj dwa shoty espresso za pomocą ekspresu do kawy lub ekspresu do kawy na płycie kuchennej.

b) Umieść dwie gałki lodów dulce de leche (lub lodów karmelowych) w naczyniu lub szklance.

c) Gorące espresso zalej lody.

d) Całość posypujemy dużą ilością bitej śmietany.

e) Udekoruj startą czekoladą lub posypką kakaową.

f) Podawaj natychmiast i ciesz się soczystą kombinacją bogatych smaków karmelu, kremowych lodów i mocnego espresso.

61. Meksykańskie Affogato

SKŁADNIKI:
- 1 gałka lodów meksykańskich lub lodów czekoladowych
- 1 kieliszek tequili
- 1 shot espresso
- proszek cynamonowy

INSTRUKCJE:

a) Włóż gałkę meksykańskich lodów czekoladowych lub lodów do szklanki.
b) Wlać kieliszek tequili do lodów.
c) Dodaj porcję gorącego espresso.
d) Posypać proszkiem cynamonowym.
e) Podawaj natychmiast i delektuj się smakiem meksykańskiej czekolady z odrobiną tequili.

62. greckie Affogato

SKŁADNIKI:

- 1 miarka lodów z jogurtu greckiego lub mrożonego jogurtu
- 1 kieliszek ouzo (likier o smaku anyżu)
- 1 shot espresso
- Miód

INSTRUKCJE:

a) Do szklanki do serwowania włóż gałkę lodów z jogurtu greckiego lub mrożonego jogurtu.
b) Wlej kieliszek ouzo na lody.
c) Dodaj porcję gorącego espresso.
d) Skropić miodem.
e) Podawaj natychmiast i ciesz się inspirowanym kuchnią grecką połączeniem jogurtu, anyżu i espresso.

63. Tureckie Affogato

SKŁADNIKI:

- 1 gałka lodów lub lodów kawowych po turecku
- 1 shot kawy po turecku
- mielony kardamon
- posiekane pistacje

INSTRUKCJE:

a) Włóż gałkę lodów kawowych lub lodów po turecku do szklanki.
b) Na lody wlej porcję kawy po turecku.
c) Posyp mielonym kardamonem.
d) Udekoruj posiekanymi pistacjami.
e) Podawaj natychmiast i delektuj się bogatym smakiem kawy po turecku.

64. Japońska Matcha Affogato

SKŁADNIKI:

- 1 miarka lodów lub lodów z zielonej herbaty matcha
- 1 shot zielonej herbaty matcha
- słodzona pasta z czerwonej fasoli (anko)
- matcha w proszku (opcjonalnie)

INSTRUKCJE:

a) Do szklanki włóż gałkę lodów lub lodów z zielonej herbaty matcha.
b) Lody polej kieliszkiem zielonej herbaty matcha.
c) Dodaj odrobinę słodzonej pasty z czerwonej fasoli.
d) W razie potrzeby posyp proszkiem matcha.
e) Podawaj natychmiast i ciesz się japońską fuzją smaków matcha i czerwonej fasoli.

65. Brazylijska cachaça Affogato

SKŁADNIKI:
- 1 gałka lodów dulce de leche lub lodów
- 1 shot cachaçy (brazylijski rum)
- 1 shot espresso
- wiórki czekoladowe

INSTRUKCJE:
a) Włóż gałkę lodów dulce de leche lub lodów do szklanki.
b) Na lody wlać kieliszek cachaçy.
c) Dodaj porcję gorącego espresso.
d) Posypać wiórkami czekolady.
e) Podawaj natychmiast i delektuj się słodkimi i mocnymi smakami Brazylii.

66. Hiszpańskie espresso con Helado

SKŁADNIKI:

- 1 gałka lodów waniliowych lub lodów hiszpańskich o smaku horchaty
- 1 shot (około 1-2 uncji) świeżo parzonego espresso
- Opcjonalnie: odrobina mielonego cynamonu lub odrobina syropu czekoladowego do dekoracji

INSTRUKCJE:

a) Do szklanki lub miski włóż gałkę lodów waniliowych lub lodów hiszpańskich o smaku horchaty. Upewnij się, że lody są dobrze schłodzone.

b) Zaparz shota espresso za pomocą ekspresu lub jednej z alternatywnych metod parzenia wymienionych wcześniej. Upewnij się, że espresso jest gorące i świeżo zaparzone.

c) Wlać gorące espresso na gałkę lodów, poczekać, aż się rozpuści i zmiesza z lodami.

d) Jeśli chcesz, posyp espresso con helado szczyptą mielonego cynamonu, aby uzyskać ciepły i aromatyczny smak. Alternatywnie możesz skropić deser syropem czekoladowym, aby dodać mu słodyczy.

e) Podawaj Espresso con Helado natychmiast, pozwalając, aby lody lekko się rozpuściły i zmieszały z bogatym espresso.

67. Indyjska Masala Chai Affogato

SKŁADNIKI:

- 1 gałka lodów masala chai lub lodów
- 1 shot herbaty chai
- zmiażdżone nasiona kardamonu
- pokruszone pistacje

INSTRUKCJE:

a) Do szklanki włóż gałkę lodów masala chai lub lodów.
b) Lody polej kieliszkiem herbaty chai.
c) Posyp pokruszonymi ziarnami kardamonu.
d) Udekoruj pokruszonymi pistacjami.
e) Podawaj natychmiast i delektuj się ciepłymi i aromatycznymi smakami indyjskiego masala chai.

68. Australijczyk Tim Tam Affogato

SKŁADNIKI:
- 1 gałka lodów czekoladowych lub lodów
- 1 shot espresso
- 1 łyżka amaruli
- pokruszone ciasteczka Tim Tam

INSTRUKCJE:
a) Do szklanki włóż gałkę lodów czekoladowych lub lodów.
b) Wlej porcję gorącego espresso na lody.
c) Do affogato dodaj łyżkę amaruli.
d) Posypać pokruszonymi ciasteczkami Tim Tam.
e) Podawaj natychmiast i ciesz się zachwycającym połączeniem czekolady, kawy i ciastek.

69. Włoskie klasyczne Affogato

SKŁADNIKI:
- 1 gałka lodów waniliowych
- 1 shot espresso
- Opcjonalnie odrobina sosu czekoladowego

INSTRUKCJE:
a) Do szklanki włóż gałkę lodów waniliowych i 1 shot espresso.
b) Podawać!

70. Włoskie Affogato al Caffè

SKŁADNIKI:
- 1 gałka lodów waniliowych lub lodów
- 1 shot (około 1-2 uncji) świeżo parzonego espresso
- 1 łyżka likieru amaretto
- Opcjonalnie: kakao lub wiórki czekoladowe do dekoracji

INSTRUKCJE:

a) Do szklanki lub miski włóż gałkę lodów waniliowych lub lodów. Upewnij się, że lody są dobrze schłodzone.

b) Zaparz shota espresso za pomocą ekspresu lub jednej z alternatywnych metod parzenia wymienionych wcześniej. Upewnij się, że espresso jest gorące i świeżo zaparzone.

c) Wlej gorące espresso na gałkę lodów, poczekaj, aż się rozpuszczą i połączą z lodami.

d) Do affogato dodaj łyżkę likieru amaretto. Amaretto dodaje wspaniałego migdałowego smaku, który uzupełnia kawę i lody.

e) W razie potrzeby udekoruj affogato odrobiną proszku kakaowego lub wiórkami czekoladowymi, aby zwiększyć atrakcyjność wizualną i smak.

f) Podawaj affogato al caffè natychmiast i ciesz się nim, podczas gdy lody topią się i mieszają z espresso i amaretto, tworząc wyśmienitą kombinację smaków.

71. Włoskie Affogato con Biscotti

SKŁADNIKI:
- 1 gałka lodów waniliowych lub lodów
- 1 shot (około 1-2 uncji) świeżo parzonego espresso
- 2-3 biscotti (tradycyjne włoskie ciasteczka migdałowe)

INSTRUKCJE:

a) Do szklanki lub miski włóż gałkę lodów waniliowych lub lodów. Upewnij się, że lody są dobrze schłodzone.

b) Zaparz shota espresso za pomocą ekspresu lub jednej z alternatywnych metod parzenia wymienionych wcześniej. Upewnij się, że espresso jest gorące i świeżo zaparzone.

c) Wlej gorące espresso na gałkę lodów, poczekaj, aż się rozpuszczą i połączą z lodami.

d) Podawaj affogato z 2-3 biscotti na boku. Chrupiąca konsystencja biscotti stanowi wspaniały kontrast z kremowym affogato.

e) Rozkoszuj się affogato, zanurzając biscotti w mieszance espresso i lodów, delektując się połączeniem smaków i tekstur.

72. Włoski Frangelico Affogato

SKŁADNIKI:
- 2 gałki lodów waniliowych wysokiej jakości
- 1 shot espresso
- 1 łyżka Frangelico
- gorzka czekolada, do starcia na wierzch

INSTRUKCJE:

a) Zaparz espresso (jedno na osobę). Do szerokiej szklanki lub miski włóż 1-2 gałki lodów waniliowych i zalej kieliszkiem espresso.

b) Do lodów wlej 1 łyżkę likieru z orzechów nocino lub innego ulubionego likieru i zetrzyj na tarce odrobinę ciemnej czekolady.

DESERY INSPIROWANE AFFOGATO

73. Affogato „lody"

SKŁADNIKI:
- 500 ml „śmietanki" do ubijania ProZero, schłodzonej
- 100 g cukru pudru
- 1 shot espresso

INSTRUKCJE:
a) Ubijaj śmietankę przez około 2-3 minuty, aż stanie się gęsta, lekka i przewiewna. Dodać cukier puder i dobrze wymieszać.
b) Mieszankę przelać do odpowiedniego pojemnika i wstawić do zamrażarki na około godzinę lub do czasu, aż masa wystygnie i na brzegach zaczną tworzyć się kryształki lodu.
c) Wyjmij z zamrażarki.
d) Używając widelca lub trzepaczki drucianej, szybko ubijaj lody, aby rozbić kryształki lodu.
e) Włóż lody z powrotem do zamrażarki, aby stwardniały przez co najmniej 3 godziny. Weź gałkę lodów i uzupełnij ją kieliszkiem espresso.

74. Nescafe Lody espresso affogato

NA: 1 PORCJĘ

SKŁADNIKI:
- 1 shot espresso ze złotymi granulkami Nescafé
- 2 gałki lodów waniliowych lub chrupiącego karmelu
- ½ szklanki wody
- 1 łyżka naturalnego miodu do skropienia jako dekoracja

INSTRUKCJE:

a) Najpierw przygotuj porcję espresso poprzez zaparzanie kawy, następnie weź szklankę lub filiżankę i dodaj 2 obfite gałki lodów, skrop miodem i wypij porcję espresso obok boku.

b) I od razu podawaj, nasza pyszna włoska kawa affogato z lodami jest gotowa do rozkoszowania się.

75. Herbata bąbelkowa Chai Affogato

SKŁADNIKI:

- ¼ szklanki czarnej boby (perełek tapioki)
- ¼ szklanki koncentratu chai latte
- ¼ szklanki niesłodzonego mleka migdałowego lub zwykłego mleka
- 2 małe gałki lodów waniliowych z Tahiti lub francuskich lodów waniliowych
- 1 ciasteczko piruetowe, przekrojone na pół (opcjonalnie)

INSTRUKCJE:

a) Ugotuj bobę zgodnie z instrukcją na opakowaniu.
b) W małym rondlu połącz koncentrat chai latte z mlekiem. Doprowadzić do wrzenia i zdjąć z ognia.
c) Włóż dwie gałki lodów lub lodów do filiżanki lub małej miski i posyp boba. Polać chai latte i podawać z ciasteczkiem piruetowym. Ciesz się natychmiast.

76. Sernik Affogato

SKŁADNIKI:
- 1 gotowy sernik
- 2 gałki lodów waniliowych
- 2 shoty espresso

INSTRUKCJE:
a) Sernik pokroić na pojedyncze porcje.
b) Na każdym plasterku połóż gałkę lodów waniliowych.
c) Lody i sernik polej porcją espresso.
d) Podawaj natychmiast i ciesz się połączeniem kremowego sernika, lodów i espresso.

77. Lody Affogato Brownie

SKŁADNIKI:

- Ciepłe ciasteczka
- 1 gałka lodów kawowych lub lodów
- Gorący sos krówkowy
- Bita śmietana

INSTRUKCJE:

a) Umieść ciepłe brownie w naczyniu do serwowania.
b) Na wierzch dodaj gałkę lodów kawowych lub lodów.
c) Skropić gorącym sosem krówkowym.
d) Udekoruj bitą śmietaną.
e) Podawaj natychmiast i delektuj się dekadenckim połączeniem czekolady, kawy i kremowych lodów.

78. Affogato Panna Cotta

SKŁADNIKI:

- 1 szklanka gęstej śmietanki
- 1 szklanka pełnego mleka
- ½ szklanki) cukru
- 1 laska wanilii przecięta wzdłuż
- 1 łyżka żelatyny w proszku
- 2 łyżki zimnej wody
- 2 shoty espresso
- Wiórki czekoladowe do dekoracji

INSTRUKCJE:

a) W rondlu wymieszaj ciężką śmietankę, mleko i cukier.
b) Z laski wanilii wyskrob ziarenka i dodaj je do rondla wraz z laską wanilii.
c) Podgrzewaj mieszaninę na średnim ogniu, aż zacznie wrzeć. Zdjąć z ognia i pozostawić do ostygnięcia na 10 minut.
d) W małej misce posyp żelatynę w proszku zimną wodą i pozostaw na 5 minut, aby zakwitła.
e) Wyjmij laskę wanilii z kremowej mieszanki i podgrzej ją ponownie, aż będzie gorąca, ale nie wrząca.
f) Do gorącej śmietany dodać napęczniałą żelatynę i mieszać aż do całkowitego rozpuszczenia.
g) Wlać mieszaninę do pojedynczych szklanek lub kokilek i przechowywać w lodówce przez co najmniej 4 godziny lub do momentu, aż masa stwardnieje.
h) Tuż przed podaniem polej porcją espresso każdą panna cottę i udekoruj wiórkami czekolady.
i) Podawaj schłodzone i ciesz się jedwabistą konsystencją i aromatem kawy panna cotta.

79. Parfait Affogato Tiramisu

SKŁADNIKI:
- 1 szklanka mocnej parzonej kawy
- 2 łyżki cukru
- 2 łyżki likieru kawowego (np. Kahlua)
- Biszkopty 1 opakowanie
- 1 szklanka serka mascarpone
- ¼ szklanki cukru pudru
- 1 łyżeczka ekstraktu waniliowego
- 1 szklanka bitej śmietany
- Proszek kakaowy do posypania

INSTRUKCJE:
a) W płytkiej misce wymieszaj zaparzoną kawę, cukier i likier kawowy.
b) Zanurz każdą biszkopt w mieszance kawowej i ułóż je w szklankach lub talerzach deserowych.
c) W osobnej misce wymieszaj serek mascarpone, cukier puder i ekstrakt waniliowy na gładką masę.
d) Na biszkopty nałóż warstwę masy mascarpone.
e) Powtarzaj warstwy namoczonej mieszanki biszkoptów i mascarpone, aż dojdziesz do szczytu szklanek.
f) Na koniec ułóż na wierzchu kleks bitej śmietany.
g) Posyp desery kakao w proszku.
h) Podawać od razu lub wstawić do lodówki na kilka godzin, aby smaki się przegryzły.
i) Tuż przed podaniem polej każdy parfait porcją espresso.
j) Rozkoszuj się warstwami nasączonych kawą biszkoptów, kremowego mascarpone i bogatym smakiem espresso w tym zachwycającym deserze inspirowanym tiramisu.

80. Pudding chlebowy Affogato

SKŁADNIKI:
- 4 szklanki czerstwego chleba (np. brioszki lub chałki)
- 2 szklanki pełnego mleka
- ½ szklanki gęstej śmietanki
- ½ szklanki granulowanego cukru
- 4 duże jajka
- 1 łyżeczka ekstraktu waniliowego
- Szczypta soli
- 2 shoty espresso
- Bita śmietana do podania

INSTRUKCJE:

a) Rozgrzej piekarnik do 175°C i natłuść naczynie do pieczenia.
b) W dużej misce połącz mleko, śmietanę, cukier, jajka, ekstrakt waniliowy i sól. Ubijaj, aż dobrze się połączą.
c) Do miski włóż kostki chleba i delikatnie mieszaj, aż pokryją się równomiernie masą mleczną. Odstawiamy na 10 minut, aby chleb wchłonął płyn.
d) Przełóż masę do natłuszczonej formy do pieczenia i równomiernie ją rozprowadź.
e) Piec przez 40-45 minut lub do czasu, aż budyń chlebowy będzie złotobrązowy i stwardnieje.
f) Wyjmij z piekarnika i pozostaw do ostygnięcia na kilka minut.
g) Tuż przed podaniem polej porcję budyniu chlebowego porcją espresso.
h) Na wierzch połóż kleks bitej śmietany.
i) Podawaj na ciepło i delektuj się pocieszającym połączeniem puddingu chlebowego i espresso.

81. Kanapki lodowe Affogato

SKŁADNIKI:
- 12 ciasteczek z kawałkami czekolady
- 6 miarek ulubionego smaku lodów lub lodów
- 2 shoty espresso
- Posypka, pokruszone orzechy i wiórki kokosowe

INSTRUKCJE:
a) Weź 6 ciasteczek i połóż gałkę lodów lub lodów na płaskiej stronie każdego ciasteczka.
b) Na wierzch ułóż pozostałe 6 ciasteczek i uformuj kanapki.
c) Włóż kanapki z lodami do zamrażarki na 10-15 minut, aby stwardniały.
d) Tuż przed podaniem polej każdą kanapkę porcją espresso.
e) W razie potrzeby obtocz brzegi kanapki w posypce, kokosie i pokruszonych orzechach.
f) Podawaj natychmiast i ciesz się zachwycającym połączeniem kremowych lodów, espresso i ciastek.

82. Affogato Bananowy Split

SKŁADNIKI:
- 1 dojrzały banan, przecięty wzdłuż
- 2 gałki lodów waniliowych lub lodów
- 2 shoty espresso
- Sos czekoladowy
- Bita śmietana
- Wiśnie Maraskino
- Posypka

INSTRUKCJE:
a) Umieść podzielonego banana w naczyniu do serwowania lub łódce.
b) Dodaj dwie gałki lodów waniliowych lub lodów na wierzch banana.
c) Wlej porcję espresso na lody i banana.
d) Skropić sosem czekoladowym.
e) Na wierzch połóż bitą śmietanę, posypkę i kilka wiśni maraschino.
f) Podawaj natychmiast i ciesz się zabawną odmianą klasycznego splitu bananowego.

83. Tarty Affogato

SKŁADNIKI:

- 1 arkusz gotowego ciasta francuskiego, rozmrożonego
- ½ szklanki serka mascarpone
- 2 łyżki cukru pudru
- 1 łyżeczka ekstraktu waniliowego
- 2 shoty espresso
- Posiekana gorzka czekolada do dekoracji

INSTRUKCJE:

a) Rozgrzej piekarnik do 200°C i wyłóż blachę do pieczenia papierem pergaminowym.
b) Ciasto francuskie pokroić na małe kwadraty lub kółka i ułożyć je na przygotowanej blasze do pieczenia.
c) Ciasto francuskie upiec zgodnie z instrukcją na opakowaniu: aż będzie złocistobrązowe i puszyste.
d) W misce wymieszaj serek mascarpone, cukier puder i ekstrakt waniliowy, aż masa będzie gładka i kremowa.
e) Gdy tarty z ciasta francuskiego ostygną, na każdą tartę nakładamy porcję masy mascarpone.
f) Tuż przed podaniem polej każdą tartę porcją espresso.
g) Udekoruj startą gorzką czekoladą.
h) Podawaj natychmiast i rozkoszuj się delikatnym połączeniem kruchego ciasta francuskiego, kremowego mascarpone i espresso.

84. Pudding Chia Affogato

SKŁADNIKI:
2 łyżki nasion chia
1/2 szklanki mleka (mlecznego lub roślinnego)
1 shot espresso, ostudzone
1 łyżeczka miodu lub wybranego słodzika (opcjonalnie)

INSTRUKCJE:
W misce wymieszaj nasiona chia, mleko, espresso i miód (jeśli używasz).
Dobrze wymieszaj, aby połączyć i upewnić się, że nasiona chia są równomiernie rozłożone.
Przykryj miskę i wstaw do lodówki na co najmniej 2 godziny lub na noc, aby nasiona chia wchłonęły płyn i zgęstniały do konsystencji przypominającej budyń.
Podawaj schłodzone i delektuj się puddingiem chia inspirowanym affogato jako zdrową i satysfakcjonującą przekąską.

85. Chleb bananowy Affogato

SKŁADNIKI:

1 1/2 szklanki mąki uniwersalnej
1 łyżeczka proszku do pieczenia
1/2 łyżeczki sody oczyszczonej
1/4 łyżeczki soli
1/2 szklanki granulowanego cukru
1/4 szklanki niesolonego masła, roztopionego
2 dojrzałe banany, rozgniecione
1/4 szklanki mleka (mlecznego lub roślinnego)
1 łyżeczka ekstraktu waniliowego
1 shot espresso, ostudzone

INSTRUKCJE:

Rozgrzej piekarnik do 175°C i natłuść formę do pieczenia.
W dużej misce wymieszaj mąkę, proszek do pieczenia, sodę oczyszczoną i sól.
W drugiej misce wymieszaj cukier i roztopione masło, aż dobrze się połączą.
Do mieszanki cukru i masła dodaj rozgniecione banany, mleko, ekstrakt waniliowy i schłodzone espresso.
Stopniowo dodawaj suche składniki do mokrych, mieszaj tylko do połączenia.
Ciasto wlać do natłuszczonej formy do pieczenia.
Piec około 50-60 minut lub do momentu, aż wykałaczka wbita w środek będzie sucha.
Pozwól chlebowi bananowemu ostygnąć, a następnie pokrój go w plasterki i delektuj się przekąską inspirowaną afogato.

86. Wafle ryżowe Affogato

SKŁADNIKI:
Ciasteczka ryżowe
Masło orzechowe (takie jak masło migdałowe lub orzechowe)
Lody waniliowe
Espresso lub syrop kawowy

INSTRUKCJE:
Na wafelku ryżowym rozsmaruj warstwę masła orzechowego.
Na maśle orzechowym połóż małą gałkę lodów waniliowych.
Skropić niewielką ilością espresso lub syropu kawowego.
Delektuj się ciastem ryżowym inspirowanym affogato jako lekką i chrupiącą przekąską.

87. Affogato Popsicles

SKŁADNIKI:
1 filiżanka zaparzonej kawy, ostudzonej
1 szklanka mleka (mlecznego lub roślinnego)
1 łyżka miodu lub wybranego słodzika
1 łyżeczka ekstraktu waniliowego (opcjonalnie)

INSTRUKCJE:
W blenderze połącz schłodzoną zaparzoną kawę, mleko, miód i ekstrakt waniliowy.
Mieszaj, aż dobrze się wymiesza.
Wlać mieszaninę do foremek na lody.
Umieść patyczki do lodów w foremkach i zamrażaj przez co najmniej 4 godziny lub do momentu, aż stwardnieją.
Po zamrożeniu wyjmij lody z foremek i ciesz się mrożonymi smakołykami inspirowanymi affogato.

88. Ciasto z kubkiem Affogato

SKŁADNIKI:
4 łyżki mąki uniwersalnej
2 łyżki granulowanego cukru
1/2 łyżeczki proszku do pieczenia
Szczypta soli
3 łyżki mleka (mlecznego lub roślinnego)
1 shot espresso, ostudzone
1 łyżka oleju roślinnego

INSTRUKCJE:
W kubku nadającym się do kuchenki mikrofalowej wymieszaj mąkę, cukier, proszek do pieczenia i sól.
Do kubka dodaj mleko, ostudzone espresso i olej roślinny.
Mieszaj, aż ciasto będzie gładkie i dobrze połączone.
Wstaw kubek do mikrofalówki na około 1 minutę i 30 sekund lub do momentu, aż ciasto wyrośnie i znajdzie się pośrodku.
Poczekaj, aż ciasto z kubka lekko ostygnie, zanim zaczniesz delektować się tą szybką i łatwą przekąską inspirowaną affogato.

89. Mus czekoladowy Affogato

SKŁADNIKI:
4 uncje posiekanej ciemnej czekolady
1 szklanka gęstej śmietanki
1 shot espresso, ostudzone
Bita śmietana i wiórki czekoladowe (do posypania)

INSTRUKCJE:
Rozpuść ciemną czekoladę w żaroodpornej misce ustawionej nad gotującą się wodą, mieszając, aż masa będzie gładka.
Zdjąć z ognia i pozostawić do lekkiego ostygnięcia.
W osobnej misce ubijaj ciężką śmietanę, aż utworzą się miękkie szczyty.
Do bitej śmietany wmieszać ostudzoną, roztopioną czekoladę i espresso, aż składniki dobrze się połączą.
Rozłóż mieszaninę do osobnych szklanek lub misek.
Całość posypujemy bitą śmietaną i wiórkami czekoladowymi.
Przechowuj w lodówce przez co najmniej 2 godziny przed podaniem tego pysznego musu czekoladowego inspirowanego affogato.

PRZEKĄSKI INSPIROWANE AFFOGATO

90. Popcorn Affogato

SKŁADNIKI:
4 szklanki prażonego popcornu
4 uncje roztopionej ciemnej czekolady
1 łyżka kawy rozpuszczalnej lub espresso w proszku

INSTRUKCJE:
Umieść popcorn w dużej misce.
Polej popcorn roztopioną gorzką czekoladą.
Posyp popcorn kawą rozpuszczalną lub espresso w proszku.
Delikatnie wrzuć popcorn, aby równomiernie pokrył go czekoladą i kawą.
Pozwól, aby czekolada stwardniała, a następnie rozkoszuj się tą przekąską z popcornu inspirowaną affogato.

91. Ukąszenia energetyczne Affogato

SKŁADNIKI:
1 szklanka pestek daktyli
1 szklanka migdałów
2 łyżki proszku kakaowego
1 łyżka kawy rozpuszczalnej lub espresso w proszku
1 łyżka miodu lub syropu klonowego (opcjonalnie)
wiórki kokosowe lub kakao (do obtoczenia)

INSTRUKCJE:
Umieść daktyle, migdały, kakao w proszku, kawę rozpuszczalną i miód (jeśli używasz) w robocie kuchennym.
Mieszaj, aż mieszanina się połączy i utworzy lepkie ciasto.
Rozwałkuj mieszaninę na małe kulki wielkości kęsa.
Obtocz kęsy energetyczne w wiórkach kokosowych lub kakao w celu posypania.
Przed podaniem schłodzić w lodówce około 30 minut.

92. Affogato Nadziewane Daktyle

SKŁADNIKI:
Daktyle Medjool, bez pestek
Lody waniliowe
Espresso lub syrop kawowy

INSTRUKCJE:
Daktyle Medjool przekrój wzdłuż i usuń pestki.
Napełnij każdą datę małą gałką lodów waniliowych.
Skropić espresso lub syropem kawowym.
Ciesz się słodkimi i kremowymi nadziewanymi daktylami inspirowanymi affogato.

93. Mieszanka szlaków Affogato

SKŁADNIKI:
1 szklanka prażonych migdałów
1/2 szklanki suszonych wiśni lub żurawiny
1/2 szklanki kawałków lub chipsów ciemnej czekolady
1/4 szklanki ziaren kawy

INSTRUKCJE:
W misce wymieszaj prażone migdały, suszone wiśnie lub żurawiny, kawałki lub chipsy gorzkiej czekolady oraz ziarna kawy.
Dostosuj ilości według własnych upodobań.
Zapakuj mieszankę szlakową w małe, pojedyncze porcje, aby uzyskać wygodną przekąskę inspirowaną affogato w podróży.

94. Kulki proteinowe Affogato

SKŁADNIKI:
1 szklanka płatków owsianych
1/2 szklanki masła migdałowego lub dowolnego masła orzechowego
1/4 szklanki miodu lub syropu klonowego
2 łyżki proszku kakaowego
1 łyżka kawy rozpuszczalnej lub espresso w proszku
1/4 szklanki kawałków ciemnej czekolady
wiórki kokosowe lub pokruszone orzechy (do obtoczenia)

INSTRUKCJE:
W misce wymieszaj płatki owsiane, masło migdałowe, miód lub syrop klonowy, kakao w proszku, kawę rozpuszczalną w proszku i kawałki ciemnej czekolady, aż dobrze się połączą.
Rozwałkuj mieszaninę na małe kulki wielkości kęsa.
Obtocz kulki proteinowe w wiórkach kokosowych lub pokruszonych orzechach do panierowania.
Przed podaniem schłodzić w lodówce około 30 minut.

95. Affogato Ryżowe Krispie Przysmaki

SKŁADNIKI:
3 łyżki niesolonego masła
4 szklanki mini pianek marshmallow
6 szklanek płatków ryżowych
2 łyżki kawy rozpuszczalnej lub espresso w proszku

INSTRUKCJE:
W dużym garnku roztapiamy masło na małym ogniu.
Dodaj mini pianki marshmallow do garnka i mieszaj, aż się rozpuszczą i będą gładkie.
Mieszaj kawę rozpuszczalną lub proszek espresso, aż dobrze się połączą.
Zdejmij garnek z ognia i dodaj płatki ryżowe.
Mieszaj, aż płatki zostaną równomiernie pokryte mieszanką pianek marshmallow.
Wciśnij mieszaninę do natłuszczonej formy do pieczenia i pozostaw do ostygnięcia.
Pokrój w kwadraty i delektuj się inspirowanymi affogato przysmakami Rice Krispie jako wspaniałą przekąską.

96. Affogato Truskawki w czekoladzie

SKŁADNIKI:
Świeże truskawki
Ciemna czekolada, roztopiona
Kawa rozpuszczalna w proszku lub espresso w proszku (do posypania)

INSTRUKCJE:
Zanurzaj świeże truskawki w roztopionej ciemnej czekoladzie, pozwalając, aby nadmiar spłynął.
Ułóż truskawki oblane czekoladą na wyłożonej pergaminem tacy lub talerzu.
Posyp truskawki niewielką ilością kawy rozpuszczalnej lub espresso w proszku.
Odczekaj, aż czekolada zastygnie w lodówce, a następnie skosztuj truskawek inspirowanych affogato w czekoladzie.

97. Trufle Affogato

SKŁADNIKI:
8 uncji posiekanej ciemnej czekolady
1/2 szklanki gęstej śmietanki
1 shot espresso, ostudzone
Kakao w proszku lub pokruszone orzechy (do obtoczenia)

INSTRUKCJE:
W żaroodpornej misce umieść posiekaną gorzką czekoladę.
W rondlu podgrzej gęstą śmietanę, aż zacznie się gotować.
Gorącą śmietanką zalać posiekaną czekoladę i odstawić na minutę.
Mieszaj, aż czekolada całkowicie się rozpuści, a masa będzie gładka.
Mieszaj schłodzone espresso, aż dobrze się połączy.
Przykryj miskę i przechowuj w lodówce, aż mieszanina będzie wystarczająco twarda, aby można ją było unieść, około 2 godzin.
Z schłodzonej masy uformuj małe kulki i obtocz je w kakao lub pokruszonych orzechach.
Schłodź trufle w lodówce przez kolejne 30 minut, zanim będziesz mógł delektować się smakołykami inspirowanymi affogato.

98. Biscotti Affogato

SKŁADNIKI:
2 szklanki mąki uniwersalnej
1 łyżeczka proszku do pieczenia
1/2 łyżeczki soli
1/2 szklanki niesolonego masła, miękkiego
3/4 szklanki granulowanego cukru
2 duże jajka
1 łyżka ekstraktu waniliowego
1 shot espresso, ostudzone
1/2 szklanki posiekanych orzechów (takich jak migdały lub orzechy laskowe)

INSTRUKCJE:
Rozgrzej piekarnik do 175°C i wyłóż blachę do pieczenia papierem pergaminowym.
W misce wymieszaj mąkę, proszek do pieczenia i sól.
W osobnej misce utrzyj miękkie masło z cukrem na jasną i puszystą masę.
Ubijaj jajka, jedno po drugim, następnie ekstrakt waniliowy i schłodzone espresso.
Stopniowo dodawaj mieszankę mąki do masy maślanej, miksuj aż do połączenia.
Wmieszać posiekane orzechy.
Z ciasta uformuj wałek i połóż go na przygotowanej blasze.
Piec przez około 25-30 minut lub do momentu, aż będą złocistobrązowe i twarde w dotyku.
Wyjmij z piekarnika i pozostaw do ostygnięcia na kilka minut.
Polędwicę pokroić na kawałki w kształcie biscotti i ułożyć je na blasze do pieczenia.
Piec przez dodatkowe 10-15 minut lub do momentu, aż będą chrupiące i lekko przypieczone.
Poczekaj, aż biscotti całkowicie ostygnie, zanim zaczniesz cieszyć się chrupiącą przekąską inspirowaną affogato.

99. Kawałki sernika Affogato

SKŁADNIKI:
1 1/2 szklanki okruchów krakersów graham
1/4 szklanki roztopionego masła
8 uncji serka śmietankowego, zmiękczonego
1/4 szklanki cukru pudru
1 shot espresso, ostudzone
Bita śmietana i wiórki czekoladowe (do posypania)

INSTRUKCJE:
W misce wymieszaj okruchy krakersów graham i roztopione masło, aż mieszanina będzie przypominała mokry piasek.
Wciśnij mieszaninę okruchów na dno wyłożonej papierem kwadratowej formy do pieczenia.
W osobnej misce ubijaj miękki serek śmietankowy, cukier puder i schłodzone espresso, aż masa będzie gładka i kremowa.
Rozprowadź równomiernie mieszaninę serka śmietankowego na skórce krakersa graham.
Przechowywać w lodówce przez co najmniej 2 godziny lub do momentu stwardnienia.
Pokrój w kwadraty wielkości kęsa i posyp każdy kwadrat kleksem bitej śmietany i wiórkami czekoladowymi.
Podawaj schłodzone i delektuj się sernikami inspirowanymi affogato.

100. Kora czekoladowa Affogato

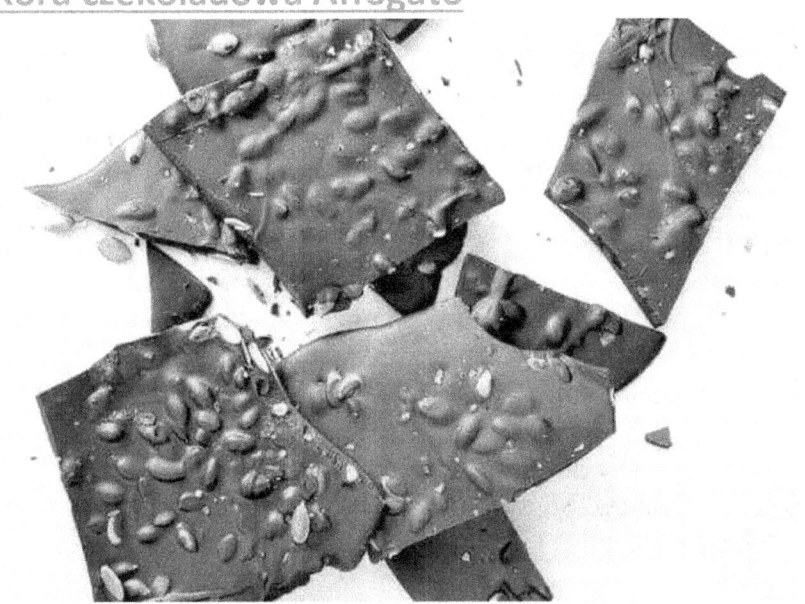

SKŁADNIKI:
8 uncji roztopionej ciemnej czekolady
1 shot espresso, ostudzone
Zmielone ziarna espresso lub ziarna kawy
Sól morska (opcjonalnie)
Pistacje (opcjonalnie)

INSTRUKCJE:
Blachę do pieczenia wyłóż papierem pergaminowym.
Na przygotowaną blachę do pieczenia wylać roztopioną gorzką czekoladę, równomiernie ją rozprowadzając.
Polej schłodzone espresso czekoladą.
Na wierzch posyp pokruszonymi ziarnami espresso lub kawą.
W razie potrzeby dodaj szczyptę soli morskiej i pistacji.
Przechowywać w lodówce do momentu, aż czekolada stwardnieje, a następnie podzielić ją na kawałki.

WNIOSEK

Żegnając się ze światem Affogato, mamy nadzieję, że ta podróż rozpaliła w Tobie pasję do wykwintnych przysmaków Affogato. Od skromnych początków we Włoszech po współczesne interpretacje na całym świecie – byliśmy świadkami ewolucji i kreatywności, które ukształtowały ten niebiański przysmak. Połączenie bogatych, gładkich lodów i mocnej esencji kawy okazało się być połączeniem stworzonym w gastronomicznym niebie.

Niezależnie od tego, czy wolisz prostotę klasycznego affogato, czy też odważne smaki wyjątkowej kreacji, Affogato World oferuje wgląd w krainę, w której kawa i lody przeplatają się, tworząc niezwykłe doświadczenia. To świat, w którym przesuwane są granice smaku, a jedna łyżeczka może przenieść Cię w krainę czystej przyjemności.

Zatem następnym razem, gdy zapragniesz chwili czystej błogości, pozwól Affogato World poprowadzić Twoje zmysły i obudzić kubki smakowe. Zanurz się w magii tego wyśmienitego połączenia i delektuj się symfonią smaków, która rozwija się z każdą łyżką. Odkryj kunszt i innowację kryjącą się w świecie affogato i odkryj nieograniczone możliwości, które na Ciebie czekają. Witamy w Świecie Affogato, gdzie miłośnicy kawy i lodów jednoczą się, świętując czystą rozkosz.

www.ingramcontent.com/pod-product-compliance
Lightning Source LLC
Chambersburg PA
CBHW070403120526
44590CB00014B/1236